BEI GRIN MACHT SICH IHR WISSEN BEZAHLT

- Wir veröffentlichen Ihre Hausarbeit,
  Bachelor- und Masterarbeit

- Ihr eigenes eBook und Buch -
  weltweit in allen wichtigen Shops

- Verdienen Sie an jedem Verkauf

Jetzt bei www.GRIN.com hochladen und kostenlos publizieren

Aktuelle Entwicklungen und Herausforderungen des Human Ressource Managements

Saskia Haschke

Bibliografische Information der Deutschen Nationalbibliothek:

Die Deutsche Nationalbibliothek verzeichnet diese Publikation in der Deutschen Nationalbibliografie; detaillierte bibliografische Daten sind im Internet über http://dnb.d-nb.de abrufbar.

ISBN: 9783346793331
Dieses Buch ist auch als E-Book erhältlich.

Druck und Bindung: Books on Demand GmbH, Norderstedt Germany
Gedruckt auf säurefreiem Papier aus verantwortungsvollen Quellen

Das vorliegende Werk wurde sorgfältig erarbeitet. Dennoch übernehmen Autoren und Verlag für die Richtigkeit von Angaben, Hinweisen, Links und Ratschlägen sowie eventuelle Druckfehler keine Haftung.

Das Buch bei GRIN: https://www.grin.com/document/1278527

Einsendeaufgabe

Aktuelle Entwicklungen und Herausforderungen des Human Resource Management

Abgegeben am: 25. Mai 2019

Modul:	Aktuelle Entwicklungen und Herausforderungen des Human Resource Management (4. Semester)
Studiengang:	Betriebswirtschaft und Management (B.A.)

von
Saskia Haschke

Inhaltsverzeichnis

(Alternative A)

Abbildungsverzeichnis

Abbildung 1:

Tabellenverzeichnis

Tabelle 1:

Tabelle 2:

Aufgabe 1

A 1.1 Die Auswirkungen der Technisierung auf die ältere Belegschaft in Unternehmen

Technisierung und Digitalisierung sind die großen Trends unserer Zeit, denn in Windeseile haben technologische Erfindungen wie Apps und Smartphones unser Leben verändert. Noch vor zwei Jahrzehnten war es nur möglich online zu sein, wenn man vor einem angeschlossenen Computer saß. Heute kann man überall und jederzeit vernetzt sein, wenn man sich nicht gerade in einem Funkloch befindet. Inzwischen gibt es auch kaum mehr einen Lebensbereich, der nicht von Technik oder digitalen Hilfsmitteln bestimmt wird. Im privaten Umfeld übernehmen beispielsweise Apps aus der Ferne die Steuerung unserer Haushaltsgeräte. Über Smartphones kann man immer und überall kommunizieren, Informationen einholen oder andere Leistungen, wie z. B. Online-Banking, in Anspruch nehmen. Auch der Handel driftet zunehmend ins Internet ab und ermöglicht durch die weltweite Vernetzung von Maschinen und Menschen immer schnellere sowie vereinfachte Einkäufe und Lieferungen.[1]

Grundlage der meisten neuen Technologien sind vor allem Daten. Von den immer größer werdenden Datenmengen können heutzutage deutlich mehr erhoben, gespeichert, geordnet und ausgewertet werden, als noch vor wenigen Jahrzehnten. Die Digitalisierung bietet demnach ein riesiges Potenzial den Wohlstand weiter zu vermehren, da sich aus den Datenmengen neue Erkenntnisse für die Wissenschaft ziehen lassen und dadurch neue Produkte für die Wirtschaft entstehen.[2]

Neben den vielen positiven und nützlichen Effekten der Technisierung gibt es jedoch auch Schwierigkeiten, die solch ein Wandel mit sich bringt. Vor allem vor der Arbeitswelt macht der digitale Fortschritt keinen Halt. Mittlerweile gibt es kaum mehr einen Arbeitsplatz, der ohne Unterstützung von Computern auskommt. Und genau hier liegt das Problem, insbesondere für die ältere Belegschaft in den Unternehmen.[3]

---

[1] Vgl. *IDG Business Media GmbH* (2018); Vgl. *Wambach/Müller* (2018), S. 11, 17, 85
[2] Vgl. *Wambach/Müller* (2018), S. 12, 87, 89
[3] Vgl. *Ullah et al.* (2017), S. 126; Vgl. *Wambach/Müller* (2018), S. 11

Es besteht nicht nur die Gefahr aufgrund der Digitalisierung und der daraus resultierenden Wegrationalisierung von Stellen seinen Arbeitsplatz zu verlieren, was sowohl Alt als auch Jung treffen kann, sondern es entsteht vor allem auch eine starke Unsicherheit mit der neuen Technik nicht zurechtkommen zu können und somit den Anforderungen der heutigen Arbeitswelt nicht mehr gerecht zu werden. Letzteres betrifft in erster Linie die älteren Mitarbeiter, zu denen alle Arbeitnehmer eines Unternehmens gehören, die vor 1980 geboren wurden. Alle nach 1980 Geborenen haben Internet, E-Mails, Handys und soziale Netzwerke als festen Bestandteil des Lebens kennengelernt und spielerisch den Umgang mit der digitalen Welt erlernt. Darüber hinaus ist das Konzept des lebenslangen Lernens dem Großteil der jüngeren Beschäftigten vertraut und in der Arbeitsweise fest verankert.[4]

Ältere Mitarbeiter haben oftmals große Schwierigkeiten sich auf Neuerungen, in dem Fall den digitalen Wandel, einzulassen. Dies macht es den Unternehmen natürlich umso schwerer Veränderungsprozesse durchzuführen. Doch gerade diese Veränderungen können nicht umgangen werden. Die digitale Transformation muss konsequent vorangetrieben werden, um den Anschluss an die anderen Marktteilnehmer nicht zu verpassen. Die aus der Digitalisierung resultierenden Wettbewerbsvorteile und -chancen, aufgrund flexiblerer und effizienterer Arbeitsschritte und Prozesse sowie globaler Kommunikations-möglichkeiten, sind der Preis für die harte Arbeit und verdeutlichen die Wichtigkeit des digitalen Fortschritts für die Unternehmen.[5]

Um den älteren Arbeitnehmern den Zugang zur Technisierung zu erleichtern sollten die Unternehmen erst einmal damit beginnen die Hürden im Denken abzubauen. Dem Mitarbeiter sollte die Notwenigkeit des Wandels, dessen Vorteile und der Nutzen für den Einzelnen aufgezeigt werden, da die Digitalisierung schließlich den Arbeitsalltag sowie den privaten Alltag deutlich vereinfachen kann.[6]

Den Arbeitgebern muss klar sein, dass die Umsetzung von Veränderungen Zeit braucht und dementsprechend der älteren Belegschaft nicht zu viel Druck gemacht wird die Neuerungen in kürzester Zeit perfekt umsetzen zu können.

---

[4] Vgl. *IDG Business Media GmbH* (2018); Vgl. *TÜV NORD AG* (o. J.)
[5] Vgl. *business elf - Managementberatung GmbH* (o. J.); Vgl. *TÜV NORD AG* (o. J.)
[6] Vgl. *TÜV NORD AG* (o. J.)

Beispielsweise könnten die Arbeitgeber einen geschützten Rahmen schaffen, in dem sich die älteren Mitarbeiter mit den neuen Technologien vertraut machen und den Umgang mit der Software o. ä. ausprobieren können, ohne dass dabei ein Schaden für den Arbeitgeber entsteht.[7]

Unternehmen können jedoch noch weitaus mehr tun, um die digitalen Herausforderungen zu meistern.
Wichtig sind vor allem Weiterbildungsmaßnahmen für die Belegschaft, denn bei der ganzen Integration neuer IT-Produkte bleiben die eigenen Mitarbeiter meist auf der Strecke. Viele Arbeitnehmer bilden sich sogar privat weiter und investieren dafür eigene Ressourcen, nur um auf dem aktuellen Stand der Technik zu bleiben. Die Firmen rechtfertigen die fehlende Weiterbildung häufig mit Zeitmangel, zu hohen Kosten oder ungeeigneten Kursinhalten. Bei den älteren Mitarbeitern sehen die Unternehmen auch meistens nicht den gewünschten Mehrwert, den solche Weiterbildungen oder Qualifizierungen mit sich bringen können. Die Chance die Potentiale älterer Arbeitnehmer durch spezielle Maßnahmen, z. B. zur Erhaltung der Arbeitsfähigkeit, erkennen und somit fördern zu können, wird von den Unternehmen oft nicht wahrgenommen. Dabei bestünde so die Möglichkeit offensichtliche Nachteile älterer Arbeitnehmer, wie z. B. höhere Kosten aufgrund von mehr Krankheitstagen, zu kompensieren oder die generelle Arbeitsfähigkeit älterer Mitarbeiter zu erhöhen.[8]

Im Allgemeinen kann man sagen, dass die Unternehmen stets die fachlichen Kompetenzen im Blick haben müssen, die zur Bewältigung der Industrie 4.0 notwendig sind, und dafür Sorge tragen, dass diese bei den Mitarbeitern, egal ob jung oder alt, ausgebaut werden. Erstaunlich dabei ist, dass mittlerweile die Soft Skills, wie soziale und kulturelle Kompetenzen, immer mehr an Bedeutung zunehmen und in Zukunft wohl noch wichtiger sein werden als die fachlichen Kompetenzen (Hard Skills).[9]
Im Folgenden werden nun relevante Schlüsselqualifikationen aufgelistet, mit denen man das digitale Zeitalter leichter meistern kann.

---

[7] Vgl. *TÜV NORD AG* (o. J.)
[8] Vgl. *AVADO Learning GmbH* (2017); Vgl. *Brandl* (2016), S. 28-29, 77; Vgl. *Ullah et al.* (2017), S. 126
[9] Vgl. *AVADO Learning GmbH* (2017)

Die wichtigsten Soft und Hard Skills:[10]

- Flexibilität
- Lernbereitschaft (lebenslanges Lernen)
- Neugier sowie Willen zur Veränderung
- Priorisierungsfähigkeit und Planungskompetenz (Selbstorganisation)
- Situative Anpassungsfähigkeit
- Methodenkompetenz (selbstständiges Aneignen von Fachwissen)
- Kreativität
- Soziale Intelligenz
- Kommunikationsfähigkeit
- Mathematische und technische Kompetenzen (Daten- und Zahlenverständnis)

Da sich für die Beschäftigten in Zukunft nicht die fachlichen Dimensionen, sondern vielmehr die Rahmenbedingungen der Arbeit ändern werden, helfen die digitalen Kompetenzen dabei mit den Anforderungen besser umgehen zu können. Durch die zunehmende Technisierung wird die Arbeit immer virtueller und unabhängiger von Zeit und Raum, sodass die Arbeitnehmer zunehmend eigenverantwortlicher und organisierter arbeiten müssen. Wer viele der oben aufgelisteten Schlüsselqualifikationen beherrscht wird es im Arbeitsleben deutlich leichter haben als jemand, der sich dagegen sträubt oder dem der Zugang zur Aneignung neuer Kompetenzen verwehrt wird. Demnach ist es in erster Linie die Aufgabe der Unternehmen den Mitarbeitern das digitale Arbeiten näher zu bringen und möglichst individuelle Möglichkeiten zu schaffen, sodass auch die ältere Belegschaft nicht den Anschluss verliert. Jedoch müssen im gleichen Zuge auch die Motivation der Beschäftigten und vor allem der Wille der älteren Mitarbeiter vorhanden sein, sich auf Veränderungen einlassen zu wollen und dementsprechend etwas dazu lernen zu wollen, um weiterhin für den Arbeitgeber und auch den generellen Arbeitsmarkt attraktiv zu bleiben.[11]

---

[10] Vgl. *AVADO Learning GmbH* (2017); Vgl. *Deloitte.com* (o. J.); Vgl. *DGFP-Praxispapiere* (2016), S. 18-19; Vgl. *Fürsattel* (2017), S. 110
[11] Vgl. *AVADO Learning GmbH* (2017); Vgl. *DGFP-Praxispapiere* (2016), S. 20

Aufgabe 2

A 2.1 Was ist eine "Candidate Experience" und wie wirkt sie sich auf Unternehmen aus?

In den letzten Jahren ist das interne Rekruting für die Unternehmen immer mühseliger geworden. Der Kampf um die passenden Talente gestaltet sich zunehmend schwieriger aufgrund des stetig steigenden Konkurrenzkampfes zwischen den Arbeitgebern. Selbstverständlich gibt es heutzutage immer noch eine Handvoll sogenannter "Super Brands", denen die Bewerber nur so zufliegen, doch der Großteil der Firmen muss sich erst einmal einen guten Ruf erarbeiten, um seine Bewerberzielgruppe auf sich aufmerksam zu machen.[12]

Unter **Candidate Experience** versteht man die Erfahrungen, die ein Bewerber im Rahmen seines Auswahlprozesses sammelt, also den Eindruck, den ein potenzieller neuer Mitarbeiter vor, während und nach dem gesamten Auswahlverfahren vom Unternehmen erhält.[13]

Man vergisst zu häufig, dass nicht nur die Personaler eines Unternehmens, z. B. bei einem Vorstellungsgespräch, einen ersten Eindruck vom Kandidaten erlangen, sondern dass sich vor allem auch der Bewerber, in der Regel noch vor dem Absenden der Bewerbungsunterlagen und spätestens bei einem persönlichen Gespräch, ein Bild vom Unternehmen macht. Im Auswahlverfahren wird demnach ein positives Bewerbererlebnis für Kandidaten immer wichtiger. Unternehmen, die das nicht erkennen oder diesem Thema zu wenig Bedeutung beimessen, werden durch den Fachkräftemangel und die demografische Lücke in Zukunft große Probleme im Rekruting und bei der Besetzung ihrer freien Stellen bekommen.[14]

Ziel für die Arbeitgeber sollte deshalb ein Ausbau des Personalmarketings sein. Dazu gehört vor allem die Steigerung der Arbeitgeberattraktivität, um somit die Bekanntheit des eigenen Unternehmens zu erhöhen und sich positiv gegenüber anderen Mitbewerbern am Markt positionieren zu können. Als Folge können sich

---

[12] Vgl. *Kirschten* (2017), S. 111; Vgl. *Ullah/Ullah* (2015), S. 1
[13] Vgl. *Jansen* (2017), S. 90-91
[14] Vgl. *Fürsattel* (2017), S. 28; Vgl. *Monster Worldwide Deutschland GmbH* (o. J.)

die Unternehmen dann über ausreichend Bewerbereingänge auf freie Stellenangebote freuen und zusätzlich eine Reserve an Bewerbungen sicherstellen, um auch bei kurzfristig entstehenden Vakanzen passende Kandidaten, dank Initiativbewerbungen, in der Hinterhand zu haben (externes Personalmarketing). Das interne Personalmarketing hingegen hat zum Ziel, dass es die Mitarbeiter langfristig und emotional an das Unternehmen binden soll, um somit die Wechselbereitschaft von Fach- und Führungskräften zu minimieren. Hat das eigene Unternehmen eine gute Außenwirkung und sind die Mitarbeiter im Allgemeinen zufrieden mit ihrem Arbeitsplatz, dann sind die Ambitionen zu einem anderen Arbeitgeber wechseln zu wollen deutlich geringer, als wenn dies nicht der Fall ist.[15]

A 2.2 Wie könnte eine "Candidate Journey" aussehen?

Da sich die *Candidate Experience* nicht nur auf die Erfahrungen des Kandidaten vor und während des Bewerbungsprozesses bezieht, sondern über die Einstellung bei einem neuen Arbeitgeber hinaus geht, wird der Durchlauf aller Kontaktpunkte eines Kandidaten mit einem Unternehmen oftmals mit einer Reise verglichen. Aus diesem Grund bezeichnet man die Summe aller direkten und indirekten Berührungspunkte eines Bewerbers mit einer Firma als **Candidate Journey**.[16]

Die *Candidate Journey* beschreibt den Zeitraum, in dem die *Candidate Experience* gesammelt wird und beginnt demzufolge mit dem ersten Kontakt zu einem potenziellen neuen Arbeitgeber und endet spätestens nach dem Durchlaufen der Einarbeitungsphase.[17]

In den meisten Fällen besteht eine *Candidate Journey* aus sechs Phasen (siehe Abbildung 1). Zuallererst wird eine Person durch eine Imageanzeige im Internet, in Printmedien, im Radio o. ä. auf ein Unternehmen aufmerksam (Phase 1) und holt sich daraufhin über die Karriereseite der Firma und/oder auf einem Arbeitgeberbewertungsportal Informationen über das Unternehmen ein (Phase 2). In Phase 3 bewirbt sich die Person tatsächlich auf ein Stellenangebot

---

[15] Vgl. *Agentur Junges Herz* (o. J.); Vgl. *Fürsattel* (2017), S. 17; Vgl. *Kirschten* (2017), S. 111-112, 126
[16] Vgl. *Jansen* (2017), S. 92
[17] Vgl. *Ullah/Ullah* (2015), S. 8

oder schickt eine Initiativbewerbung ab, um dann in Phase 4 das bei jeder Firma individuell gestaltete Auswahlverfahren zu durchlaufen. Nach der Unterzeichnung des Arbeitsvertrages beginnt das sogenannte Onboarding eines neuen Mitarbeiters (Phase 5), also die Integration und Einarbeitung in das Team und die Aufgabenbereiche, um daraufhin den ehemaligen Bewerber, nach einem erfolgreichen Onboarding, an das Unternehmen zu binden (Phase 6).[18]

Abbildung 1: Die sechs Phasen der Candidate Experience
(Quelle: http://nocheinpersonalmarketingblog.blogspot.com/2012/09/candidate-experience-1-die-theorie.html (abgerufen am 02.05.2019))

Bei einer *Candidate Journey* wird die *Candidate Experience* in positive und negative Bereiche unterteilt und mit konkreten Erlebnissen und/oder Kontaktpunkten benannt. Häufig werden zusätzlich zu den allgemeinen Erfahrungen noch die entsprechenden Reaktionen der Person aufgeführt.[19]

Im Folgenden zeigt die Tabelle 1 beispielhaft die *Candidate Journey* eines fiktiven Kandidaten bei einem fiktiven Unternehmen.

---

[18] Vgl. *Jansen* (2017), S. 93-94; Vgl. *Konschak* (2014), S. 98-102; Vgl. *Ullah/Ullah* (2015), S. 29
[19] Vgl. *Jansen* (2017), S. 94

		1. Anziehung	2. Information	3. Bewerbung	4. Auswahl	5. Onboarding	6. Bindung
Candidate Experience	Positive Erfahrungen	In letzter Zeit häufig interessante Plakate der Firma XY gesehen: „Die Homepage schaue ich mir mal an!"	Die Branche und auch die Stellenbeschreibungen klingen spannend: „Hier versuche ich mein Glück!"		Das Vorstellungsgespräch: „Die Gesprächspartner sind mir sehr sympathisch."	„Am ersten Tag gab es in der Abteilung ein gemeinsames Frühstück, sodass wir uns gegenseitig besser kennenlernen konnten."	„Ich fühle mich hier sehr wohl und auch die Arbeit macht mir Spaß!"
	Negative Erfahrungen			Nur Online-Bewerbung gewünscht: Leider nur eine begrenzte Anzahl an Anhängen möglich.	Die Rückmeldung nach dem Vorstellungsgespräch hat doch relativ lange gedauert.	„Schade, dass mein Hauptansprechpartner in der Abteilung in meiner ersten Arbeitswoche im Urlaub war."	

Tabelle 1: Ein Beispiel für eine Candidate Journey

(Quelle: Eigene Darstellung in Anlehnung an Jansen, 2017, S. 94)

A 2.3 Welche Berührungspunkte gibt es zwischen Bewerbern und dem Unternehmen im Rekrutierungsprozess?

Wie bereits in Abschnitt 2.2 angeschnitten, gibt es im Rekrutierungsprozess direkte und indirekte Berührungspunkte zwischen einem Kandidaten und einem Unternehmen, die sogenannten **Candidate Touchpoints**.[20]

Ziel der Firmen ist es, diese Kontaktpunkte so zu gestalten, dass sie bei den Bewerbern oder allgemeinen Interessenten einen positiven Gesamteindruck hinterlassen. Vorrangig werden solche *Touchpoints* in einem Kaufprozess, also im Kontakt zwischen Kunde und Unternehmen (Kundenmanagement), voneinander unterschieden. Ersetzt man den Kunden im Kaufprozess jedoch durch den Kandidaten im Auswahlprozess, dann lassen sich auch im Rahmen des Personalmanagements direkte und indirekte Berührungspunkte unterscheiden (siehe Tabelle 2).[21]

---

[20] Vgl. *Jansen* (2017), S. 91
[21] Vgl. *Jansen* (2017), S. 91

	Direkte Touchpoints	Indirekte Touchpoints
	Alle direkten Kontakte mit dem Unternehmen oder dessen Dienstleistungen/Produkte	Alle indirekten Kontakte: über Dritte, über das Unternehmen oder den damit verbundenen Dienstleistungen/Produkten
Beispiele	• über die Homepage • mit der Dienstleistung/dem Produkt an sich • Rekruiting-Events im Unternehmen, an Schulen oder Universitäten • Rekruiter-Profile auf Xing oder LinkedIn • Präsenz auf Job-, Karriere- oder Branchenmessen	• Mund-zu-Mund-Propaganda • wahrgenommene Rezensionen auf Arbeitgeberbewertungsportalen • Social-Media-Auftritt: Facebook, Twitter etc. • Plakat-, Radio-, Kinowerbung o. ä. • Kontakt zu Kooperationspartnern: z. B. Hochschulen, Berufsschulen

Tabelle 2: Direkte und indirekte Touchpoints im Rekrutierungsprozess

(Quelle: Eigene Darstellung in Anlehnung an Jansen, 2017, S. 91 und Ullah/Ullah, 2015, S. 42)

Der Weg zu einem Unternehmen kann erkennbarer Weise, siehe Tabelle 2, jedes Mal anders verlaufen. Die Firmen zielen deshalb darauf ab, die Bewerberkontakte möglichst weitreichend kontrollieren und gegebenenfalls mit innovativen Technologien unterstützen zu können. [22]

Da wir mittlerweile in einer vollständig vernetzten und digitalen Welt leben, in der fast jede Person mehrere technologische Endgeräte besitzt, können die Unternehmen die Wahrscheinlichkeit eines Kontaktes erhöhen, indem sie sicherstellen, dass die Bewerber wirklich jederzeit und ortsunabhängig auf allgemeine Informationen, Stellenangebote oder andere Services des Unternehmens zugreifen können.[23]

Der Bewerber von heute möchte nicht immer die gesamte Homepage eines potenziellen neuen Arbeitgebers besuchen, um selbst recherchieren zu müssen welche Stellenangebote neu hinzugekommen sind, welche Zertifizierungen neu erworben wurden oder welche Stiftung die Firma im letzten Monat finanziell unterstützt hat. Der Bewerber von heute möchte, wenn möglich, mobil über das Smartphone, das Tablet o. ä. jederzeit und voll automatisch über Neuigkeiten

---

[22] Vgl. *ADENION GmbH* (o. J.)
[23] Vgl. *ADENION GmbH* (o. J.)

einer Firma sowie über Stellenangebote, die seinen Qualifikationen entsprechen, auf dem Laufenden gehalten werden. Dies funktioniert heutzutage sehr gut über Apps, die mittlerweile schon von einigen Unternehmen eingesetzt werden.[24]

In der App kann der Bewerber in wenigen Schritten einstellen, welche Informationsbereiche und Arbeitsstellen ihn wirklich interessieren. Automatisch erhält der Bewerber dann eine Erinnerung an sein Datenendgerät, auf dem er die App installiert hat, wenn das Unternehmen z. B. einen neuen Artikel hochgeladen hat oder eine Stellenvakanz ausgeschrieben wurde, die dem Qualifikationsprofil des Bewerbers entspricht. Der Interessent kann dann entweder sofort auf die App reagieren, die Anzeige der App löschen, wenn ihn die Neuigkeit doch nicht interessiert, oder die Nachricht zurückstellen und erst zu einem späteren Zeitpunkt den Inhalt lesen. Erfindungen wie diese ersparen dem Bewerber das ständige und meist sehr langwierige Durchforsten der zahlreichen Jobbörsen und bieten zudem die Möglichkeit im Urlaub, beim Sport oder auch einfach nur beim Entspannen auf der Couch den Kontakt zum Unternehmen mobil aufrecht zu erhalten. Bei sehr gut aufgebauten Apps kann man mittlerweile sogar jederzeit den Status der eigenen Bewerbung abrufen.[25]

Solche technologischen Innovationen sind jedoch nicht nur für den Bewerber positiv. Die Unternehmen präsentieren sich durch Apps oder andere technologische Kontaktmöglichkeiten vor allem als moderner Arbeitgeber und steigern dadurch ihre Attraktivität. Hinzu kommt, dass die Firmen auf diese Weise eine größere Reichweite bei der Kandidatenansprache erzielen können.[26]

Firmeneigene Rekruting-Apps werden allerdings momentan noch nicht von der breiten Masse eingesetzt, da die Anschaffungskosten erfahrungsgemäß nicht unter 20.000 EUR liegen und zudem ein enormer technischer Aufwand erforderlich ist.[27]

Im Zusammenhang mit mobilen und digitalen Rekrutierungsmöglichkeiten spielt auch wieder das Thema aus Aufgabe 1 eine wichtige Rolle, nämlich die Herausforderungen der digitalen Arbeitswelt für die älteren Arbeitnehmer.

---

[24] Vgl. *Jansen* (2017), S. 99; Vgl. *Konschak* (2014), S. 206; Vgl. *Ullah/Ullah* (2015), S. 13, 23; Vgl. *XING SE* (o. J.)
[25] Vgl. *Konschak* (2014), S. 208-209; Vgl. *Ullah/Ullah* (2015), S. 13
[26] Vgl. *Süddeutsche Zeitung GmbH* (2016); Vgl. *XING SE* (o. J.)
[27] Vgl. *Konschak* (2014), S. 206; Vgl. *XING SE* (o. J.)

Die älteren Generationen, zu denen die Unternehmen selbstverständlich auch den Kontakt aufbauen und halten möchten, gehen heutzutage bei der Jobsuche immer noch vorrangig den klassischen Weg über Zeitungsannoncen. Auch eine Online-Bewerbung, die mittlerweile von den meisten Firmen präferiert wird, fällt den älteren Personen schwer, da die Affinität zum Internet und der Umgang mit Word- oder PDF-Dateien oftmals nicht ausreichend vorhanden ist. Schriftliche Bewerbung über den Postweg sind einfach nicht mehr zeitgemäß und werden bei vielen Firmen rigoros aussortiert.[28]

Um deshalb bei möglichst allen Bewerbern, ob jung oder alt, eine positive *Candidate Experience* zu erreichen, sollten die Unternehmen versuchen, auch weiterhin die ganze Bandbreite an Rekrutierungs- und Kontaktmöglichkeiten zu bedienen, also sowohl moderne als auch klassische Rekrutierungstools zu verwenden sowie verschiedene *Touchpoint*-Möglichkeiten anbieten.[29]

Das Unternehmen kann dann bei offenen Vakanzen individuell entscheiden, welche Rekrutierungswege sinnvoll sind. Beispielsweise kann man im ersten Moment auf eine Zeitungsannonce verzichten, wenn die Stellenbeschreibung junge Studienabsolventen ansprechen soll. In diesem Fall lohnt es sich eher eine Stelle bei den kostenpflichtigen Jobportalen im Internet, wie *StepStone* oder *Monster*, zu veröffentlichen, da die jüngere Generation vorrangig mobil und im Internet nach passenden Arbeitsstellen sucht. Wird bei einer Vakanz jedoch ein "Senior Abteilungseiter" oder ein "KFZ-Meister" mit 10 Jahren Berufserfahrung gesucht, dann lohnt es sich Annoncen in den regionalen und überregionalen (Fach-)Zeitungen zu schalten, da die älteren Arbeitnehmer immer noch überwiegend durch Printmedien von freien Stellen Kenntnis erlangen.[30]

A 2.4 Welchen Beitrag kann ein "Candidate Experience Management" zu einem erfolgreichen Rekrutierungsprozess leisten?

Als *Candidate Experience Management* bezeichnet man die aktive Gestaltung aller Kontaktpunkt zwischen den Bewerbern und einem Unternehmen. Ziel dabei ist es, wie bereits zu Beginn in Abschnitt 2.3 geschildert, einen positiven Gesamteindruck bei den Kandidaten zu hinterlassen und demzufolge sowohl die

---

[28] Vgl. *XING SE* (o. J.)
[29] Vgl. *Konschak* (2014), S. 125
[30] Vgl. *Ullah/Ullah* (2015), S. 12

Anzahl der eingehenden Bewerbungen, als auch die Motivation der Kandidaten zu erhöhen sowie die Bewerbungsabbrüche zu reduzieren.[31]

Wenn ein Unternehmen beschließt ein *Candidate Experience Management* in Angriff zu nehmen, dann resultieren daraus immer Prozessoptimierungen und andere Veränderungen, die das Bewerbererlebnis für den Kandidaten verbessern sollen. Jedoch muss jedes Unternehmen individuell für sich abwägen inwieweit es den Wünschen der Bewerber tatsächlich entgegenkommen kann.[32] Denn mehrere Studien haben ergeben, dass beispielsweise ein Probearbeiten bei Bewerbern sehr gut ankommt, Leistungs- oder Intelligenztests hingegen werden vergleichsweise stark negativ bewertet. Ein Unternehmen könnte daraufhin schlussfolgern, im Auswahlverfahren lieber keine Tests mehr durchzuführen, um die Bewerber nicht zu verärgern. Das wäre allerdings in den meisten Fällen die falsche Schlussfolgerung. Selbstverständlich darf die Sichtweise der Bewerber nicht einfach ignoriert werden, nichtsdestotrotz sind manche Schritte im Rekrutierungsprozess einfach notwendig, um am Ende den passenden Kandidaten für das eigene Unternehmen auszuwählen. Mit einem Auswahlverfahren, das zwar dem Bewerber gefällt jedoch seinen eigentlichen Zweck, nämlich aussagekräftige Ergebnisse zu liefern, verfehlt, ist letzten Endes niemandem geholfen.[33]

Aufgabe 3

A 3.1 Was ist "Crowdworking" und welche Risiken und Chancen bietet diese neue Arbeitsform für die Crowdworker selbst?

In Verbindung mit dem Begriff "Crowdworking" muss erst einmal definiert werden, was man unter Crowdsourcing versteht.

Crowdsourcing ist eng an den Begriff "Outsourcing" angelehnt und bezeichnet deshalb auch eine bestimmte Art der Auslagerung. Unter **Outsourcing** versteht man die Auslagerung von Unternehmensbereichen an externe Dienstleister. Als

---

[31] Vgl. *Jansen* (2017), S. 91, 94
[32] Vgl. *Jansen* (2017), S. 94
[33] Vgl. *Jansen* (2017), S. 100, 113

Crowdsourcing hingegen bezeichnet man die Auslagerung von Aufgaben oder Projekten eines Unternehmens an eine Crowd, also an ein Kollektiv von Menschen. Die Arbeitsaufträge werden dann über eine Online-Plattform vergeben, auf der dem Auftraggeber eine Vielzahl von Auftragnehmern gegenüberstehen, die man als **Crowdworker**, und deren Tätigkeit als **Crowdworking**, bezeichnet.[34]

Bei den Crowdworkern handelt es sich meist um hochqualifizierte Freiberufler, Selbstständige oder Nebenberufler, die überwiegend als Spezialisten für bestimmte Bereiche fungieren. Die Aufgaben und Aufgabengebiete sind breit gefächert. Crowdworker unterstützen die Unternehmen beispielsweise durch das Erfassen von Artikeln, durch die Mitgestaltung neuer Produkte oder durch Forschungsarbeiten. Im Vergleich dazu gibt es noch die sogenannten **Clickworker**, die aber größtenteils nur monotone Aufträge erledigen, wie z. B. das massenhafte Zusammentragen von Adressen oder die Beschreibung von Verkaufsartikeln.[35]

Die Arbeitsform Crowdworking birgt jedoch auch einige **Risiken**.

Beispielsweise ist das Vertragsverhältnis zwischen den Anbietern, der Online-Plattform und den Auftragnehmern nicht immer eindeutig. Das Arbeiten als Crowdworker ist gesetzlich kaum geregelt, nicht tariflich reguliert und auch die soziale Absicherung fehlt, denn die regulären Rahmenbedingungen eines normalen Arbeitsverhältnisses wie der Mindestlohn, Kündigungsschutz, Urlaub oder Lohnfortzahlung im Krankheitsfall gibt es beim Crowdworking nicht. Außerdem besteht eine große Gefahr, dass dem Auftragnehmer eine Scheinselbstständigkeit vorgeworfen wird und daraus hohe Nachzahlungen resultieren.[36]

Crowdworking ist auch deshalb risikoreich, da der Crowdworker nicht jeden Arbeitsauftrag erhält, für den er sich bewirbt, sondern der Auftraggeber selbst entscheiden kann, an welchen Crowdworker er die Arbeit vergibt, also welches Angebot auf der Online-Plattform für ihn das vielversprechendste ist.[37]

Darüber hinaus verlangt das Crowdworking den Auftragnehmern ein hohes Maß

---

[34] Vgl. *Dr. Samuel Greef* (2015); Vgl. *Vertical Media GmbH* (o. J.); Vgl. *Vogl* (2018), S. 8-9
[35] Vgl. *Dr. Samuel Greef* (2015); Vgl. *Vertical Media GmbH* (o. J.); Vgl. *Vogl* (2018), S. 49
[36] Vgl. *Dieter von Holtzbrinck* (2016); Vgl. *Dr. Samuel Greef* (2015); Vgl. *EFAR OHG* (2017)
[37] Vgl. *EFAR OHG* (2017)

an Selbstorganisation und Selbstmanagement ab, da persönliche Arbeitsanweisungen, Kontrolle oder Feedback durch einen Vorgesetzten bei dieser Arbeitsform wegfallen und der Crowdworker deshalb vollkommen auf sich allein gestellt ist.[38]

Das Crowdworking ist allerdings nicht nur mit Risiken verbunden, sondern bietet auch jede Menge **Chancen** und neue Möglichkeiten.
Vorteilhaft für die Crowdworker ist beispielsweise, dass sie leicht an Arbeit gelangen, ohne dafür Akquise-Arbeit leisten zu müssen. Zusätzlich besteht für den Crowdworker die Möglichkeit nur die Aufträge auszuwählen, die seinen Ansprüchen und Qualifikationen entsprechen sowie in seinen zeitlichen Rahmen passen. Ein weiterer Vorteil ist dementsprechend auch die örtliche Unabhängigkeit, da dem Crowdworker selbst überlassen bleibt, wo und wann er seine Arbeit erledigt. Wichtig ist hierbei zu erkennen, dass der Crowdworker nicht nur eigenständig wählen kann, ob er am Tag oder nachts arbeitet, sondern dass er darüber hinaus nicht nur an die Unternehmen in der unmittelbaren Region gebunden ist, sondern z. B. von Stuttgart aus für eine Firma in Berlin oder im Ausland tätig werden kann. Flexible Arbeitsformen jenseits eines festen Arbeitsplatzes werden deshalb für viele Menschen immer attraktiver und erfreuen sich großer Beliebtheit.[39]

Ein wichtiger Punkt bei der Analyse von Risiken und Chancen für die Crowdworker ist vor allem auch **der motivationale Aspekt**.
Wodurch ein Mensch motiviert wird gute Arbeit zu leisten, hängt maßgeblich von den herrschenden Arbeitsbedingungen ab. Dazu zählen nicht nur die äußeren Faktoren wie vertragliche Vereinbarungen, zwischenmenschliche Beziehungen und das Arbeitsumfeld, sondern genauso die Arbeit an sich.[40]
Bisher gibt es nur wenige Studien zu den Arbeitsbedingungen und der Motivation von Crowdworkern, jedoch konnte bereits erhoben werden, dass die herrschende Autonomie sowie die Möglichkeit zur Weiterbildung durch die Arbeit selbst motivierenden Einfluss haben. Weitere Gründe um auf Crowdworking-Plattformen aktiv zu sein, sind zum einen der Spaß an der Arbeit

---

[38] Vgl. *Dr. Samuel Greef* (2015)
[39] Vgl. clickworker GmbH (o. J.); Vgl. *Dieter von Holtzbrinck* (2016)
[40] Vgl. *Feldmann/Hemsen/Giard* (2018), S. 9

an sich und zum anderen die Möglichkeit der Selbstverwirklichung. In Kombination mit der bereits erwähnten Flexibilität selbst entscheiden zu können, wann, wo und an welchem Auftrag man arbeitet, bietet das Crowdworking eine Form von Arbeit, die bei den gängigen Arbeitsverhältnissen in diesem Ausmaß nicht umsetzbar ist.[41]

Ein weiterer motivationaler Aspekt ist der bestehende Wettbewerb zwischen den Crowdworkern. Für den Großteil ist das Arbeiten im Wettbewerb, und der dadurch entstehende Ansporn, eine zusätzliche Motivationsquelle. Studien ergaben jedoch, dass sich die Angaben der Crowdworker, je nach Art der Online-Plattform, stark voneinander unterscheiden und dass auf manchen Plattformen der herrschende Wettbewerb eher demotivierend wahrgenommen wird. Die Demotivation findet vor allem dann statt, wenn der Crowdworker auf einer Plattform aktiv ist, bei der er erst nach der Abgabe des erledigten Auftrages erfährt, ob seine Arbeit auch vergütet oder in sonstiger Art und Weise belohnt wird.[42]

Selbstverständlich spielt auch die Vergütung eine wichtige Rolle bei der Arbeitsmotivation. Zu dieser Thematik wurden ebenso bereits Studien durchgeführt, allerdings mit stark variierenden Ergebnissen. Zusammenfassend kann man jedoch sagen, dass in den meisten Fällen eine Erhöhung der Vergütung einen motivierenden Effekt hat. Ob eine Steigerung der Vergütung eine Leistungssteigerung und somit eine bessere Qualität der Arbeit bewirkt, ist hingegen oftmals davon abhängig, ob eine gewisse Grundvergütung sichergestellt ist, also der generelle Mindestlohn eingehalten wird.[43]

Anhand der soeben aufgeführten Risiken, Chancen und motivationalen Aspekten des Crowdworking könnte man nach einer abschließenden Betrachtung davon ausgehen, dass die positiven Kriterien die Negativen überwiegen. Nichtsdestotrotz würden knapp die Hälfte der Crowdworker eine Festanstellung mit ähnlichen Aufgaben bevorzugen und folglich das Crowdworking aufgeben. Gründe dafür sind vor allem die herrschende Arbeitsunsicherheit, die mangelnden Zukunftsaussichten auf den Online-Plattformen, die fehlende soziale Absicherung, die unregelmäßige und unsichere Vergütung sowie die

---

[41] Vgl. *Feldmann/Hemsen/Giard* (2018), S. 1, 16
[42] Vgl. *Feldmann/Hemsen/Giard* (2018), S. 19
[43] Vgl. *Feldmann/Hemsen/Giard* (2018), S. 20

fehlenden sozialen Kontakte zu Kollegen und Vorgesetzten, die ein herkömmliches Arbeitsverhältnis doch weitaus attraktiver erscheinen lassen.[44]

Man muss jedoch auch festhalten, dass wirklich die wenigsten Crowdworker ihren ganzen Lebensunterhalt allein durch Crowdworking bestreiten. Für den Großteil bedeuten diese Arbeitsaufträge nur einen zusätzlichen Nebenerwerb, Zeitvertreib oder einen Zwischenstopp. Crowdworking bietet vor allem denjenigen eine Arbeitsmöglichkeit, die aus unterschiedlichsten Gründen auf dem freien Arbeitsmarkt keine feste Anstellung finden können, egal ob für eine längere Zeit oder nur temporär. Für sie ist Crowdworking eine optimale Chance, um trotzdem Geld zu verdienen, beruflich weiterhin am Ball zu bleiben, eventuell sogar berufliche Kontakte zu knüpfen und obendrein das Gefühl von sozialer Anerkennung aufrechtzuerhalten.[45]

A 3.2 Ausblick: Wie könnte "Crowdsourcing" in Unternehmen erfolgreich eingesetzt werden?

Crowdsourcing gehört auf jeden Fall zu den Arbeitsmodellen der Zukunft. Durch den gängigen Gebrauch des Internets und die zunehmende Technisierung in Unternehmen werden neue und effektivere Arbeiten wie das Crowdworking erst möglich gemacht.[46]

Crowdsourcing kommt den Unternehmen in vielerlei Hinsicht zu Gute, weshalb sich die Auslagerung von Arbeitsaufgaben in Zukunft auch noch verstärken wird. Zum einen können, durch das Einbeziehen eines oder mehrerer Crowdworker, Aufgaben und Projekte durch zusätzliche Kreativität und Ideenreichtum positiv unterstützt werden und zum anderen erhalten die Auftraggeber beim externen Crowdsourcing, also bei Inanspruchnahme externer Crowdworker, fachlichen Input von Außenstehenden, deren Sichtweise auf bestimmte Sachverhalte, Themen o. ä. noch nicht durch den sogenannten "Tunnelblick" getrübt ist. Ein großer Vorteil des Crowdsourcings ist außerdem, dass auf diese Weise sogar mittelständische und sehr kleine Firmen die Möglichkeit haben, zu bestimmten Themen oder Projekten Expertenwissen mit einzubeziehen, ohne dabei gleich einen Experten fest einstellen zu müssen. Des Weiteren können hunderte von

---

[44] Vgl. *Feldmann/Hemsen/Giard* (2018), S. 24-25
[45] Vgl. *Feldmann/Hemsen/Giard* (2018), S. 5, 25
[46] Vgl. clickworker GmbH (o. J.); Vgl. *Vogl* (2018), S. 1

Arbeitsaufgaben gleichzeitig und 24/7 erledigt werden. Die geringen Kosten sind für die Unternehmen zudem ein großer Anreiz Crowdsourcing zu betreiben.[47]

Im Rahmen der Industrie 4.0 wird das Arbeiten, wie bereits erläutert, zunehmend digitaler, vernetzter und schneller vonstattengehen. Die Gestaltung der Arbeitsplätze wird immer schwieriger, da nahezu an jedem Ort und zu jeder Tageszeit gearbeitet werden kann und diese Flexibilität von den Arbeitnehmern auch immer stärker eingefordert wird. Genauso werden seit längerem auch von Seiten der Unternehmen Aspekte wie flexibleres Arbeiten und die Anwesenheitspflicht stärker diskutiert, was zeigt, dass sich einige Arbeitgeber schon mit dem Arbeitswandel beschäftigen.[48]

Crowdsourcing ist demzufolge eine gute Möglichkeit, um auf die Veränderungen durch die Industrie 4.0 reagieren zu können.

In Deutschland lag die Anzahl an aktiven Crowdworkern Stand 2017 bei knapp 300.000. Gemessen an der Gesamtzahl der arbeitenden Bevölkerung in Deutschland von ca. 44 Millionen Erwerbstätigen, ist dies ein Wert von unter 1%. Der Crowdworking-Markt ist somit noch recht klein, wächst aber in einem rasanten Tempo. Man kann nicht leugnen, dass eine Masse von Leuten immer auch ein großes Potenzial an Wissen und Ideen bedeutet und dadurch die Unternehmen in Zukunft noch viel außergewöhnlichere, kreativere und qualitativ hochwertigere Ergebnisse erhalten. Deshalb ist Crowdsourcing für die Firmen so lukrativ und zeitgleich eine Möglichkeit auf Arbeitsveränderungen einzugehen.[49]

In der Zukunft sollten die Unternehmen vor allem sogenannte **Crowdsourcing-Projekte** nutzen, um gute Ergebnisse zu erzielen. Hierbei wird nicht nur ein Crowdworker für eine Arbeitsaufgabe engagiert, sondern eine unbegrenzte Anzahl von Personen in ein Projekt mit eingebunden. Das Team sollte hierbei vollkommen undefiniert sein, also keine Vorauswahl getroffen werden, denn je mehr Menschen an einem Projekt beteiligt sind, desto höher ist auch die Chance auf ein aussagekräftiges Ergebnis. Würde man vorher selbst einen Teilnehmerkreis zusammenstellen, käme dies einer Beeinflussung der Ergebnisse gleich.[50]

---

[47] Vgl. *BVMW e.V.* (2017); Vgl. *Telekom Deutschland GmbH* (2015)
[48] Vgl. *GKM-recruitment AG* (2017); Vgl. *Ullah et al.* (2017), S. 125
[49] Vgl. *Blog Mila* (2017); Vgl. *Websitebutler GmbH* (2011)
[50] Vgl. *Websitebutler GmbH* (2011)

Abschließend kann man festhalten, dass sich Crowdworking im Moment noch nicht wirklich relevant auf dem Arbeitsmarkt niederschlägt. Allerdings wird diese Arbeitsform von Unternehmen in Zukunft noch viel mehr genutzt werden, denn Crowdsourcing ist nicht nur enorm hilfreich, um schnell an qualitativ hochwertige Ergebnisse zu gelangen, sondern vor allem auch notwendig, aufgrund der Veränderungen durch die Industrie 4.0, um langsam die herkömmlichen Arbeitsprozesse ersetzen und die Arbeitsaufgaben sowie die Arbeitsplätze an sich neu organisieren zu können.[51]

---

[51] Vgl. *GKM-recruitment AG* (2017); Vgl. *Ullah et al.* (2017), S. 125; Vgl. *Vogl* (2018), S. 91

Literaturverzeichnis

Bücher:

Brandl, J. (2016), Arbeitsfähigkeit und Alter, 1. Auflage, Marburg.

Fürsattel, A. (2017), Mitarbeiter im Fokus, 1. Auflage, Weinheim.

Kirschten, U. (2017), Nachhaltiges Personalmanagement, 1. Auflage, Konstanz/München.

Konschak, B. (2014), Professionelles Personalmarketing, 1. Auflage, Freiburg/München.

Ullah, M./Ullah, R. (2015), Erfolgsfaktor Candidate Experience, 1. Auflage, Stuttgart.

Ullah, R./Witt, M./Ortner, T./Hawliczek, J. (2017), Erfolgsfaktor Sourcing, 1. Auflage, Stuttgart.

Vogl, E. (2018), Crowdsourcing-Plattformen als neue Marktplätze für Arbeit, 1. Auflage, Augsburg/München.

Wambach, A./Müller, H. (2018), Digitaler Wohlstand für alle, 1. Auflage, Frankfurt a. M./New York.

Broschüren von Institutionen/Firmen/Verbänden:

DGFP-Praxispapiere (2016), Leitfaden: Kompetenzen im digitalisierten Unternehmen, Deutsche Gesellschaft für Personalführung e. V., Frankfurt a. M..

Feldmann, C./Hemsen P./Giard, N. (2018), Crowdworking: Einflüsse der Arbeitsbedingungen auf die Motivation der Crowd Worker, Ministerium für Kultur und Wissenschaft des Landes Nordrhein-Westfalen, Bielefeld.

Studienbrief:

Jansen, L. (2017), Aktuelle Entwicklungen & Herausforderungen des Human Resource Management 1, 1. Auflage, Studienbrief der SRH Fernhochschule, Riedlingen.

Artikel aus dem Internet:

ADENION GmbH (o. J.): Touchpoints als innovative Erweiterung der Customer Journey, http://internet.pr-gateway.de/touchpoints-als-innovative-erweiterung-der-customer-journey/, abgerufen am 07.05.2019.

Agentur Junges Herz (o. J.): Personalmarketing – Definition, Maßnahmen und Ziele, http://personalmarketing-nerds.de/personalmarketing-definition-massnahmen-und-ziele/, abgerufen am 21.04.2019.

AVADO Learning GmbH (2017): Digitale Kompetenz unentbehrlich, aber Weiterbildung mangelhaft: Welche Fähigkeiten benötigen wir in Zukunft?, https://www.wearesquared.de/blog/digitale-kompetenz, abgerufen am 09.04.2019.

Blog Mila (2017): Universität Kassel veröffentlicht Studie zum Crowdworking Markt in Deutschland, https://blog.mila.com/de/2017/06/22/ergebnisse-der-studie-zum-crowdworking-markt-in-deutschland/, abgerufen am 23.05.2019.

business elf - Managementberatung GmbH (o. J.): Digitale Transformation –
Digitalisierung in Unternehmen, https://business-elf.de/digitale-
transformation-in-unternehmen/, abgerufen am 03.04.2019.

*BVMW – Bundesverband mittelständische Wirtschaft, Unternehmerverband
Deutschlands e.V.* (2017): Die Zukunft der Arbeit – Crowdworking,
https://gemeinsam-digital.de/crowdworking-die-sicht-des-deutschen-
crowdsourcing-verbandes-dcv/, abgerufen am 22.05.2019.

clickworker GmbH (o. J.): Crowdworker, https://www.clickworker.de/
crowdsourcing-glossar/crowdworker/, abgerufen am 17.05.2019.

Deloitte.com (o. J.): Welche Schlüsselkompetenzen braucht es im digitalen
Zeitalter?, https://www2.deloitte.com/ch/de/pages/innovation/articles/
competencies-in-the-digital-age.html, abgerufen am 12.04.2019.

Dieter von Holtzbrinck (2016): Die Gefahren des Crowdworking,
https://www.wiwo.de/erfolg/beruf/digitalisierung-die-gefahren-des-
crowdworking/13994752.html, abgerufen am 20.05.2019.

Dr. Samuel Greef (2015): Begriffsbestimmung – Crowdsourcing und
Crowdworking, https://www.sagrland.de/2015/06/04/begriffsbestimmung-
crowdsourcing-und-crowdworking/, abgerufen am 15.05.2019.

EFAR OHG (2017): Crowdworking – Die arbeitsrechtlichen Konsequenzen,
https://efarbeitsrecht.net/crowdworking/, abgerufen am 20.05.2019.

GKM-recruitment AG (2017): Crowdworking – Ein Arbeitsmodell der Zukunft?,
https://www.gkm-recruitment.com/2017/12/crowdworking-ein-
arbeitsmodell-der-zukunft/, abgerufen am 23.05.2019.

IDG Business Media GmbH (2018): So gelingt die digitale Transformation,
https://www.computerwoche.de/a/so-gelingt-die-digitale-
transformation,3313052, abgerufen am 01.04.2019.

Monster Worldwide Deutschland GmbH (o. J.): Candidate Experience – Bitte recht freundlich, https://arbeitgeber.monster.de/hr/personal-tipps/rekrutierung-verguetung/bewerberauswahl/candidate-experience-bitte-recht-freundlich-109516.aspx, abgerufen am 21.04.2019.

Süddeutsche Zeitung GmbH (2016): Zum Job per App, https://www.sueddeutsche.de/wirtschaft/personalgewinnung-zum-job-per-app-1.3126261, abgerufen am 07.05.2019.

Telekom Deutschland GmbH (2015): Crowdsourcing – Schwarmintelligenz fürs Unternehmen nutzen, https://digitaler-mittelstand.de/business/ratgeber/crowdsourcing-schwarmintelligenz-fuers-unternehmen-nutzen-15585, abgerufen am 22.05.2019.

TÜV NORD AG (o. J.): Lebenslanges Lernen – die Digitalisierung und ältere Mitarbeiter, https://www.tuev-nord.de/de/unternehmen/bildung/wissen-kompakt/moderne-arbeitswelt/aeltere-mitarbeiter-digitalisierung/, abgerufen am 03.04.2019.

Vertical Media GmbH (o. J.): Crowdsourcing, https://www.gruenderszene.de/lexikon/begriffe/crowdsourcing?interstitial, abgerufen am 15.05.2019.

Websitebutler GmbH (2011): Crowdsourcing – in der Masse steckt Potenzial!, http://www.webvisitenkarte.net/blog/crowdsourcing-in-der-masse-steckt-potenzial/, abgerufen am 23.05.2019.

XING SE (o. J.): Die Zukunft der Bewerbung – Papier mag (fast) keiner mehr, https://bewerbung.com/zukunft-der-bewerbung/, abgerufen am 08.05.2019.